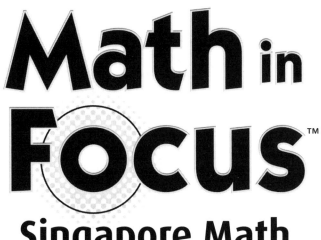

# Math in Focus™

## Singapore Math
### by Marshall Cavendish

## School-to-Home Connections

③

**Contributor**
Kevin Lee

**Marshall Cavendish**
Education

GREAT★
SOURCE®
HOUGHTON MIFFLIN HARCOURT
Supplemental Publishers

© 2009 Marshall Cavendish International (Singapore) Private Limited

**Published by Marshall Cavendish Education**
*An imprint of Marshall Cavendish International (Singapore) Private Limited*
Times Centre, 1 New Industrial Road, Singapore 536196
Customer Service Hotline: (65) 6411 0820
E-mail: tmesales@sg.marshallcavendish.com
Website: www.marshallcavendish.com/education

Distributed by
**Great Source**
A division of Houghton Mifflin Harcourt Publishing Company
181 Ballardvale Street
P.O. Box 7050
Wilmington, MA 01887-7050
Tel: 1-800-289-4490
Website: www.greatsource.com

First published 2009
Reprinted 2010, 2011

Marshall Cavendish and *Math in Focus™* are trademarks of Times Publishing Limited.

*Great Source* ® is a registered trademark of Houghton Mifflin Harcourt Publishing Company.

Math in Focus School-to-Home Connections Grade 3
ISBN 978-0-669-02764-8

Printed in United States of America

3  4  5  6  7  8          1897        16  15  14  13  12  11
4500279300                          B C D E

# Contents

# Preface

This *School-to-Home Connections* book is created to facilitate communication between teacher and families and to help adults at home support their child's experiences in math at school.

*Math in Focus*™ *School-to-Home Connections* consists of one newsletter per chapter as well as a Welcome letter and an End-of-Year letter, each in both English and Spanish. The newsletters include:

- vocabulary terms with explanations
- a brief outline of the math content for the chapter
- a simple and engaging activity for an adult at home to do with the child to explore or practice a key concept or skill.

Students whose parents are involved and supportive tend to be more engaged and successful in the classroom. Take advantage of this opportunity to connect with your students' families. Send the newsletters home near the beginning of each chapter so that families can discuss concepts with their child as they are being presented in school.

# Dear Family,

Welcome to *Math in Focus™: Singapore Math by Marshall Cavendish*, the world-class math curriculum from Singapore adapted for U.S. classrooms based on updated math standards.

The *Math in Focus* program consists of Student textbooks and Workbooks that work together. At school, your child will use the Student textbook to learn math concepts and practice extensively to develop a deeper understanding. Your child will also participate in activities or games, and discuss his or her findings in class.

Your child will be assigned pages from the Workbook to be completed as individual work. This will include:

**Practice** problems to reinforce math skills and concepts

**Put on Your Thinking Cap!**

- **Challenging Practice** problems to help broaden your child's thinking skills and extend their understanding of concepts

- **Problem Solving** questions to challenge your child to use relevant problem-solving strategies for non-routine problems

*Math in Focus* addresses topics in greater depth at each grade. This year, your third grader will focus on:

- building problem-solving skills and strategies
- using models to solve real-world problems involving the four operations
- making and interpreting data from bar graphs
- identifying fractions of a set
- finding angles and identifying lines
- understanding area and perimeter of figures

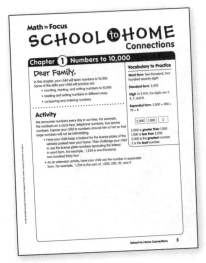

You can help your child build confidence as well as communication skills in mathematics by practicing newly acquired skills at home. Throughout the year, I will be sending home letters that will help you understand what your child will be learning in school. These letters contain activities that give you and your child an opportunity to work together to hone new skills.

You can encourage your child's efforts by taking advantage of opportunities to use math in everyday situations. Allow your child's math class-work or homework to guide you in determining the appropriate level of challenge.

While shopping or at the supermarket, have your child:

- estimate the cost of your groceries
- pay for purchases with real money and estimate the change

On car trips, challenge your child to:
- look out for geometric shapes in road signs, buildings, and architecture

At home, invite your child to:

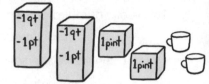

- help plan a family vacation by looking at prices from the Internet or travel brochures
- measure ingredients for a recipe
- conduct a survey and tally the responses
- find angles and lines in things around the house

I look forward to working with you and your child this year. Please contact me if you have any questions about the program or about your child's progress.

# Estimada familia:

Bienvenidos a *Math in Focus™: Singapore Math by Marshall Cavendish*, el plan de estudios de matemáticas del tercer grado de Singapur, adaptado para clases de EE.UU. según normas matemáticas actualizadas.

El programa *Math in Focus* consta de textos y libros de trabajo para el estudiante que se utilizan en conjunto. En la escuela, su hijo utilizará el texto para el estudiante para aprender conceptos matemáticos y practicar extensamente con el objeto de lograr una mayor comprensión. Su hijo también participará en actividades o juegos, y conversará sobre sus hallazgos en clases.

A su hijo se le asignarán páginas del libro de trabajo para que las complete como trabajo individual. Esto incluirá:
Problemas **prácticos** para reforzar las destrezas y los conceptos matemáticos

**¡Pon tu cerebro a trabajar!**

- Problemas **prácticos desafiantes** para ayudar a ampliar las destrezas de pensamiento y su comprensión de los conceptos
- Preguntas para **resolución de problemas** para desafiar a su hijo a utilizar estrategias de resolución de problemas no rutinarios

*Math in Focus* abarca temas con mayor profundidad en cada grado. Este año, su hijo de tercer grado se centrará en:
- crear destrezas y estrategias de resolución de problemas
- usar modelos para resolver problemas reales que impliquen el uso de las cuatro operaciones
- preparar e interpretar datos de gráficas de barras
- identificar fracciones en un conjunto
- encontrar ángulos e identificar líneas
- comprender el área y el perímetro de las figuras

Puede ayudar a su hijo a crear confianza y destrezas de comunicación en matemáticas al practicar en casa las destrezas recientemente adquiridas. Durante el año, le enviaré cartas que le permitirán entender qué estará aprendiendo su hijo en la escuela. Estas cartas contienen actividades que brindan a usted y a su hijo una oportunidad para trabajar juntos con el fin de perfeccionar nuevas destrezas.

Puede estimular los esfuerzos de su hijo al aprovechar las oportunidades de utilizar matemáticas en situaciones cotidianas. Permita que el trabajo en clase o las tareas de matemáticas de su hijo lo orienten para determinar el nivel adecuado de desafío.

Al ir de compras o al supermercado, pida a su hijo que:

- estime el costo de los productos que compra
- pague las compras con dinero verdadero y estime el cambio

Durante viajes en automóvil, inste a su hijo a:

- buscar cuerpos geométricos en las señales de tránsito, los edificios y la arquitectura

En su hogar, invite a su hijo a:

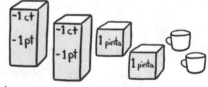

- colaborar en la preparación de las vacaciones familiares mediante la búsqueda de precios y costos en Internet o folletos de viaje
- medir los ingredientes de una receta
- realizar una encuesta y marcar las respuestas
- conectar ángulos y líneas con las cosas que hay en la casa

Espero con interés trabajar con usted y su hijo este año. Comuníquese conmigo si tiene alguna pregunta sobre el programa o sobre el avance de su hijo.

# Math in Focus
# SCHOOL to HOME
## Connections

## Chapter ① Numbers to 10,000

# Dear Family,

In this chapter, your child will study numbers to 10,000. Some of the skills your child will practice are:

- counting, reading, and writing numbers to 10,000
- reading and writing numbers in different ways
- comparing and ordering numbers

# Activity

We encounter numbers every day in our lives, for example, the numbers on a clock face, telephone numbers, bus service numbers. Expose your child to numbers around him or her so that large numbers will not be intimidating.

- Have your child keep a lookout for the license plates of the vehicles parked near your home. Then challenge your child to say the license plate numbers (excluding the letters) in word form. For example, `1,234 is one thousand, two-hundred thirty-four.´

- As an extension activity, have your child say the number in expanded form. For example, `1,234 is the sum of, 1,000, 200, 30, and 4.´

## Vocabulary to Practice

**Word form**: Two thousand, four hundred seventy-eight

**Standard form**: 2,478

**Digit**: In 2,478, the digits are 2, 4, 7, and 8.

**Expanded form**: 2,000 + 400 + 70 + 8

| 2,000 | 1,000 | 2 |
|---|---|---|

2,000 is **greater than** 1,000.
1,000 is **less than** 2,000.
2,000 is the **greatest** number.
2 is the **least** number.

# Math in Focus

# Conexiones entre

# ESCUELA Y CASA

## Capítulo 1 Números hasta 10,000

## Estimada familia:

En este capítulo, su hijo aprenderá los números hasta 10,000. Algunas de las destrezas que practicará su hijo son:

- contar, leer y escribir números hasta 10,000
- leer y escribir números de diferentes formas
- comparar y ordenar números

## Actividad

Nos encontramos con números todos los días de nuestra vida. Por ejemplo, los números del reloj, del teléfono, de los servicios de autobús. Exponga a su hijo a los números que lo rodean de manera que los números grandes no lo intimiden.

- Pida a su hijo que preste atención a las placas de los vehículos estacionados cerca de su casa. Luego inste a su hijo para que diga los números de las placas (excluyendo las letras) en palabras. Por ejemplo, `1,234 es mil doscientos treinta y cuatro.´

- Como actividad adicional, haga que su hijo diga el número en forma desarrollada. Por ejemplo, `1,234 es la suma de 1,000, 200, 30, y 4.´

### Vocabulario para practicar

**En palabras:** Dos mil, cuatrocientos, setenta y ocho

**Forma normal:** 2,478

**Dígito:** En 2,478, los dígitos son 2, 4, 7, y 8.

**Forma desarrollada:** 2,000 + 400 + 70 + 8

| 2,000 | 1,000 | 2 |

2,000 es **mayor que** 1,000.
1,000 es **menor que** 2,000.
2,000 es el **mayor** número.
2 es el **menor** número.

# Math in Focus

# SCHOOL to HOME
## Connections

## Chapter ② Mental Math and Estimation

## Dear Family,

In this chapter, your child will learn about mental addition and subtraction, as well as estimation.

Some of the skills your child will practice are:

- adding and subtracting 2-digit numbers mentally, with or without regrouping
- rounding numbers to estimate sums and differences
- using front-end estimation to estimate sums and differences

## Activity

The ability to estimate sums has numerous applications in everyday life. For example, have your child estimate the cost of your next shopping trip.

- Help him or her draw up a short family grocery shopping list.
- Then have your child write the prices of each item (wherever possible) by looking at advertised prices in the newspapers. Ensure the prices are in whole dollars as your child has not learned to estimate cost in compound units.
- Finally, have him or her estimate the total cost of the groceries.

## Vocabulary to Practice

**Rounded** is a term used in estimating numbers to the nearest ten, hundred, and so on.

2,436 is 2,400 when rounded to the nearest hundred.

An **estimate** is a number close to the exact number.

396 is 400 when rounded to the nearest hundred. 400 is an estimate.

$1,245 + 2,534 = 3,779$
1,245 rounded to the nearest thousand is 1,000.

2,534 rounded to the nearest thousand is 3,000.

The estimated sum is 4,000. 3,779 is close to 4,000 so the answer is **reasonable**.

The **leading digit** in a number is the digit with the greatest place value. The leading digit for 2,475 is 2.

**Front-end estimation** uses leading digits to estimate sums and differences.

# Conexiones entre
# ESCUELA Y CASA

## Capítulo ② Cálculo mental y estimación

## Estimada familia:

En este capítulo su hijo aprenderá a realizar sumas y restas mentalmente, así como también estimaciones.

Algunas de las destrezas que practicará su hijo son:

- sumar y restar mentalmente números de dos dígitos con o sin reagrupación
- redondear números para estimar sumas y diferencias
- usar estimaciones por la izquierda para estimar sumas y diferencias

## Actividad

La capacidad de estimar sumas tiene numerosas aplicaciones en la vida cotidiana. Por ejemplo, haga que su hijo estime el costo de la siguiente salida para realizar compras.

- Ayúdelo a preparar una lista corta de las compras que tiene que realizar.
- Luego haga que su hijo anote el precio de cada producto (siempre que se pueda) mirando los precios publicados en los periódicos. Asegúrese de que los precios estén expresados en dólares en números enteros, ya que su hijo no ha aprendido a estimar costos en unidades compuestas.
- Finalmente, haga que estime el costo total de las compras.

### Vocabulario para practicar

**Redondeo** es un término usado para estimar números y llevarlos a la decena, centena y etc. más cercana.

2,436 es 2,400 al redondearlo a la centena más cercana.

Una **estimación** es un número cercano al número exacto.

396 es 400 al redondearlo a la centena más cercana. 400 es una estimación.

1,245 + 2,534 = 3,779
1,245 redondeado al más cercano a mil es 1,000.

2,534 redondeado al más cercano a mil es 3,000.

La suma estimada es 4,000. Lo más cercano a 4,000 es 3,779, entonces, la respuesta es **razonable**.

El **dígito principal** en un número es el dígito de mayor valor. El dígito principal en 2,475 es 2.

**La estimación por la izquierda** usa dígitos principales para estimar sumas y diferencias.

# Math in Focus
# SCHOOL to HOME
## Connections

## Dear Family,

In this chapter, your child will learn to add numbers up to 10,000. Some of the skills your child will practice are:

- adding without regrouping
- adding with regrouping in ones, tens, and hundreds

## Activity

Addition is an important math skill. Knowledge of this skill allows your child to participate in solving many real-world problems.

- Have your child imagine that he or she has $10,000 with which to buy as many computers and electronic appliances as possible for a charity.
- Brainstorm with your child which items the charity may need before checking the newspapers or fliers to come up with a best-value-for-the-money shopping list.
- Finally, have your child add up the costs to make sure that the available money is fully utilized.

### Vocabulary to Practice

The **sum** is the answer to an addition problem.

123 + 45 = 168

168 is the sum of 123 and 45.

To **regroup** is to change 10 ones to 1 ten or 1 ten to 10 ones; 10 tens to 1 hundred or 1 hundred to 10 tens; 10 hundreds to 1 thousand or 1 thousand to 10 hundreds.

# Math in Focus

## Conexiones entre
# ESCUELA Y CASA

## Capítulo 3 Operaciones de suma hasta 10,000

### Estimada familia:

En este capítulo, su hijo aprenderá operaciones de suma hasta 10,000.

Algunas de las destrezas que practicará su hijo son:

- sumar sin reagrupar
- sumar con reagrupación en unidades, decenas y centenas

### Actividad

La suma es una habilidad matemática importante. Tener conocimiento de esta habilidad permite a su hijo participar en la resolución de problemas reales.

- Haga que su hijo imagine que tiene $10,000 para comprar tantas computadoras y artículos electrónicos como pueda para una organización de beneficencia.

- Determine con su hijo los elementos que necesitará antes de que mire los precios en los periódicos o panfletos para obtener los mejores precios para su lista de compras.

- Finalmente, haga que su hijo sume los costos para asegurarse de que se usó todo el dinero que tenía disponible.

### Vocabulario para practicar

La **suma** es la respuesta a un problema de suma.

$123 + 45 = 168$

168 es la suma de 123 y 45.

**Reagrupar** es cambiar 10 unidades a 1 decena ó 1 decena a 10 unidades; 10 decenas a 1 centena ó 1 centena a 10 decenas; 10 centenas a 1 millar ó 1 millar a 10 centenas.

# Math in Focus

# SCHOOL to HOME
## Connections

## Dear Family,

In this chapter, your child will learn to subtract numbers within 10,000.
Some of the skills your child will practice are:

- subtraction without regrouping
- subtraction with regrouping in ones, tens, hundreds, and thousands

## Activity

Like addition, subtraction is another important math skill. Subtraction is the opposite of addition. There are many situations that allow your child to practice this skill. For example, have your child help to plan your family's next vacation (real or imaginary).

- Draw up a list of costs with your child, such as air tickets, accommodation, vehicle rental, and insurance.
- You may search the Internet with your child for the costs of these items.
- Next have your child compare the prices of these items from other travel agencies or websites. Have your child calculate how much could be saved by choosing one particular airline over another, and so on.
- Finally, have your child add up the costs. If the cost of the trip is more than what you have budgeted for, discuss how he or she can cut down on expenses. For example, cut short the vacation, fly with a cheaper airline, or book the hotel earlier to enjoy a discount.

### Vocabulary to Practice

The **difference** is the answer to a subtraction problem.

$1{,}047 - 23 = 1{,}024$

1,024 is the difference between 1,047 and 23.

To **regroup** is to change 10 ones to 1 ten or 1 ten to 10 ones; 10 tens to 1 hundred or 1 hundred to 10 tens; 10 hundreds to 1 thousand or 1 thousand to 10 hundreds.

# Math in Focus

## Conexiones entre

# ESCUELA Y CASA

## Capítulo 4 Operaciones de resta hasta 10,000

### Estimada familia:

En este capítulo, su hijo aprenderá operaciones de resta hasta 10,000.

Algunas de las destrezas que practicará su hijo son:

- restar sin reagrupar
- restar con reagrupación en unidades, decenas, centenas y millares

### Actividad

Al igual que la suma, la resta es también una importante destreza matemática. Restar es lo opuesto a sumar. Su hijo puede practicar esta destreza en muchas situaciones. Por ejemplo, haga que su hijo ayude a planear las próximas vacaciones de la familia (reales o imaginarias).

- Prepare con su hijo una lista de los gastos, como por ejemplo, pasajes, alojamiento, alquiler de vehículo y seguro.
- Puede buscar en Internet con su hijo los costos de esos elementos.
- Luego, haga que su hijo compare esos precios con los de otras agencias de viajes o los de otros sitios Web. Haga que su hijo calcule cuánto se podría ahorrar al elegir una aerolínea en particular en lugar de otra, etc.
- Finalmente, haga que su hijo sume los costos. Si los costos del viaje son mayores que los presupuestados, analice con su hijo la forma de bajar dichos costos. Por ejemplo, acortar las vacaciones, volar con otra línea aérea, reservar con anticipación el hotel para obtener un descuento.

### Vocabulario para practicar

La **diferencia** es la respuesta a un problema de resta.

$1,047 - 23 = 1,024$

1,024 es la diferencia entre 1,047 y 23.

**Reagrupar** es cambiar 10 unidades a 1 decena ó 1 decena a 10 unidades; 10 decenas a 1 centena ó 1 centena a 10 decenas; 10 centenas a 1 millar ó 1 millar a 10 centenas.

# Math in Focus

# SCHOOL to HOME
## Connections

## Chapter ⑤ Using Bar Models: Addition and Subtraction

## Dear Family,

In this chapter, your child will learn to solve real-world problems involving addition and subtraction.
The key skill your child will practice is:

- using bar models to solve 2-step real-world problems on addition and on subtraction

## Activity

The information in a real-world problem is presented as text rather than in mathematical notation. Children often have difficulty translating the English words into mathematical language. However, once they figure out the actual math equation, finding the solution is fairly simple. Here's an example of a real-world problem your child can solve using adding-on bar models:

John collected 74 big leaves and 97 small leaves one autumn day. How many leaves did he collect in all?

- Have your child read the text and pick out the important information: 74 big leaves and 97 small leaves. Then draw the models. (The bars do not have to be drawn exactly to scale.)

| 74 | 97 |
|----|----|
? 

- Next have your child read the question and say what the question is asking.

- Finally, have your child perform the operation: 74 + 97 = 171.

## Vocabulary to Practice

The **sum** is the answer to an addition problem.

The **difference** is the answer to a subtraction problem.

A **bar model** helps to solve word problems. Bars are drawn, labeled with all the relevant information, and divided according to the situation in the word problem.

| 20 | 15 |
|----|----|
35

# Math in Focus

# Conexiones entre
# ESCUELA Y CASA

## Capítulo 5  Usar modelos de barra: Sumas y restas

## Estimada familia:

En este capítulo, su hijo aprenderá a resolver problemas reales que requieren sumar y restar.
La destreza clave que practicará su hijo es:

- usar modelos de barras para resolver problemas reales en dos pasos, realizando operaciones de suma y resta

## Actividad

La información en un problema real se presenta como texto en lugar de una notación matemática. Los niños algunas veces tienen dificultad en traducir las palabras al idioma matemático. Sin embargo, una vez que descubren la ecuación matemática real, encontrar la solución es relativamente simple. Aquí se muestra un ejemplo de un problema real que su hijo puede resolver usando modelos de barra de suma:

John recolectó 74 hojas grandes y 97 hojas pequeñas un día de otoño. ¿Cuántas hojas recolectó en total?

- Haga que su hijo lea el texto y obtenga la información más importante: 74 hojas grandes y 97 hojas pequeñas. Luego dibuje los modelos. (Las barras no tienen que ser dibujadas exactamente a escala.)

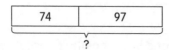

- Luego haga que su hijo lea la pregunta y diga que le pregunta.
- Finalmente, haga que su hijo realice la operación: 74 + 97 = 171.

### Vocabulario para practicar

La **suma** es la respuesta a un problema de suma.

La **diferencia** es la respuesta a un problema de resta.

Un **modelo de barra** ayuda a resolver problemas expresados en palabras. Se dibujan barras con la información relevante y se dividen según la situación expresada en el problema.

| 20 | 15 |
|----|----|
| 35 | |

# Math in Focus

# SCHOOL to HOME
## Connections

## Chapter ⑥ Multiplication Tables of 6, 7, 8, and 9

# Dear Family,

In this chapter, your child will learn to understand multiplication using the array model and the area model, and see how multiplication and division are related.

Some of the skills your child will practice are:

- learning multiplication facts of 6, 7, 8, and 9
- dividing to find the number of items in each group
- dividing to make equal groups

# Activity

Show your child that multiplication can be fun. Play this multiplication game with your child to reinforce the facts that he or she is learning. This game can be played by two or more people.

- First decide on a multiplication fact, for example, 6. Then start counting from one. Players take turns to say the next number in the series.

- At each multiple of 6, the player replaces the multiple of 6 by saying `Up!` instead. Example: 1, 2, 3, 4, 5, *Up!*, 7, 8, 9, 10, 11, *Up!*, 13, 14, 15, 16, 17, *Up!*, ... If the player is stumped or says the number instead of `Up!`, he or she drops out of the game. The game continues until only one player remains in the game.

- When your child is proficient with the multiplication facts of 6, repeat the game using multiplication facts of 7, 8, or 9.

## Vocabulary to Practice

An **array model** is an arrangement in rows and columns.

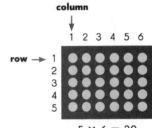

$$5 \times 6 = 30$$

**Area model** of multiplication:

$$4 \times 7 = 28$$

These are **equal groups**. Both have the same number of items.

# Conexiones entre
# ESCUELA Y CASA

## Capítulo 6 Tablas de multiplicar del 6, 7, 8, y 9

## Estimada familia:

En este capítulo, su hijo aprenderá a entender la multiplicación usando el modelo de matriz y el modelo de área y notará que la multiplicación y la división están relacionadas.

Algunas de las destrezas que practicará su hijo son:

- aprender operaciones de multiplicación con 6, 7, 8, y 9
- dividir para encontrar la cantidad de elementos en cada grupo
- dividir para formar grupos iguales

## Actividad

Muestre a su hijo que multiplicar puede ser divertido. Juegue con su hijo este juego de multiplicación para reforzar las operaciones que está aprendiendo. Este juego se puede jugar con dos o más personas.

- Primero decida una operación de multiplicación, por ejemplo, 6. Luego, comience a contar desde el número uno. Los jugadores se turnan para decir el número siguiente en la serie.

- En cada múltiplo de 6, el jugador reemplaza el múltiplo de 6 por la palabra `¡Arriba!´. Ejemplo: 1, 2, 3, 4, 5, ¡Arriba!, 7, 8, 9, 10, 11, ¡Arriba!, 13, 14, 15, 16, 17, ¡Arriba!, ... Si el jugador se queda callado o dice el número en lugar de `¡Arriba!´ sale del juego. El juego continúa hasta que sólo queda un jugador.

- Cuando su hijo es excelente con las operaciones de multiplicación con el número 6, repita el juego con las tablas de 7, 8, o 9.

### Vocabulario para practicar

Un **modelo de matriz** son filas y columnas.

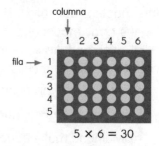

$$5 \times 6 = 30$$

**Modelo de área** para multiplicación:

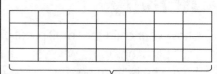

$$4 \times 7 = 28$$

Estos son **grupos iguales**. Ambos tienen igual número de elementos.

# Math in Focus
# SCHOOL to HOME
## Connections

## Chapter 7 Multiplication

# Dear Family,

In this chapter, your child will learn multiplication without and with regrouping.

Some of the skills your child will practice are:

- multiplying ones, tens, and hundreds mentally
- multiplying ones, tens, and hundreds without and with regrouping

## Vocabulary to Practice

A **product** is the answer in a multiplication problem.

$5 \times 70 = 350$

350 is the product of 5 and 70.

# Activity

Multiplication is an important concept in everyday life that we use all the time. Encourage your child to use math in his or her everyday life more often. For example,

- Choose something in your house that your child can count or estimate. It could be the number of books on a shelf, or the estimated number of cookies in a jar.
- Point (for example) to a shelf of books. Have your child count the number of books on the shelf. Ask how many books there would be on 5 shelves if all the shelves had the same number of books. Provide your child with pen and paper to work out the answer.
- This practical activity gives your child computational practice around the house.

# Conexiones entre
# ESCUELA Y CASA

## Capítulo ⑦ Multiplicación

## Estimada familia:

En este capítulo, su hijo aprenderá a multiplicar sin y con reagrupación.

Algunas de las destrezas que practicará su hijo son:

- multiplicar unidades, decenas y centenas mentalmente
- multiplicar unidades, decenas y centenas sin y con reagrupación

### Vocabulario para practicar

El **producto** es la respuesta a un problema de multiplicación.

$50 \times 70 = 350$

350 es el producto de 5 y 70.

## Actividad

La multiplicación es un concepto importante de la vida cotidiana que usamos constantemente. Inste a su hijo para que use matemáticas en la vida cotidiana más seguido. Por ejemplo,

- Elija algo en su casa que su hijo pueda contar o estimar. Puede ser el número de libros en una repisa o el número estimado de galletas en un frasco.

- Señale una repisa con libros. Haga que su hijo cuente el número de libros en la repisa. Pregunte cuántos libros habría en 5 repisas si todas las repisas tuvieran el mismo número de libros. Entregue a su hijo lápiz y papel para que elabore la respuesta.

- Esta actividad práctica hace que su hijo practique cálculos en su casa.

# Math in Focus
# SCHOOL to HOME
## Connections

# Dear Family,

In this chapter, your child will learn mental division, finding quotients, and finding remainders.
Some of the skills your child will practice are:

- using related multiplication facts to divide
- dividing a 1-digit or a 2-digit number by a 1-digit number, with or without a remainder
- identifying odd and even numbers

# Activity

Division is the opposite of multiplication. Children often find it difficult to understand division and the relationship between multiplication and division. Encourage your child to use different multiplication and division concepts in his or her everyday experiences and real-life situations. Children love solving problems involving food. Division would mean helping each person get a fair share.

- Tell your child that the host at a party serves 72 chicken wings. If the host places an equal number of chicken wings on 6 tables, how many chicken wings are placed on each table? What if there are 9 tables instead of 6?

- Reverse roles. Invite your child to make up a story for you and then have him or her check your answer.

## Vocabulary to Practice

A **quotient** is the answer to a division problem.

$8 \div 2 = 4$

4 is the quotient.

A **remainder** is the number left over from a division problem.

$11 \div 2 = 5 \text{ R } 1$

When 11 is divided by 2, the remainder is 1.

Any number that has the digit 0, 2, 4, 6, or 8 in its ones place is an **even number**. 9,354 and 4,956 are even numbers.

Any number that has the digit 1, 3, 5, 7, or 9 in its ones place is an **odd number**. 8,203 and 1,245 are odd numbers.

# Conexiones entre
# ESCUELA Y CASA

## Capítulo (8) División

## Estimada familia:

En este capítulo, su hijo aprenderá a hacer divisiones mentalmente como así también a encontrar cocientes y residuos. Algunas de las destrezas que practicará su hijo son:

- usar operaciones de multiplicación relacionadas para dividir
- dividir números de uno o dos dígitos por números de un dígito con o sin residuo
- identificar números pares e impares

## Actividad

Dividir es lo opuesto a multiplicar. Para algunos niños es difícil comprender la división y la relación entre multiplicar y dividir. Fomente en su hijo el uso de distintos conceptos de multiplicación y división en las experiencias de su vida diaria y en situaciones de la vida real. Los niños adoran resolver problemas relacionados con alimentos. La división podría significar ayudar a que cada persona reciba una parte justa.

- Diga a su hijo que el anfitrión en una fiesta sirve 72 alas de pollo. Si el anfitrión coloca igual número de alas de pollo en 6 mesas, ¿cuántas alas de pollo se colocan en cada mesa? ¿Qué sucede si hay 9 mesas en lugar de 6?
- Invierta los roles. Invite a su hijo a inventar una historia para usted y luego haga que compruebe su respuesta.

### Vocabulario para practicar

El **cociente** es la respuesta a un problema de división.

$8 \div 2 = 4$

4 es el cociente.

El **residuo** es el número resultante luego de un problema de disivión.

$11 \div 2 = 5 \text{ R } 1$

Al dividir 11 por 2, el residuo es 1.

Cualquier número que termina con los dígitos 0, 2, 4, 6, u 8 es un **número par**. 9,354 y 4,956 son números pares.

Cualquier número que termina con los dígitos 1, 3, 5, 7, ó 9 es un **número impar**. 8,203 y 1,245 son números impares.

# Math in Focus

# SCHOOL to HOME
## Connections

## Dear Family,

In this chapter, your child will learn to solve real-world problems involving multiplication and division.
Some of the skills your child will practice are:

- using bar models to solve one-step and two-step multiplication word problems

- using bar models to solve one-step and two-step division word problems

### Vocabulary to Practice

**Twice** means two times.

**Double** also means two times.

## Activity

Your child is learning that using bar models is an effective way of translating information in a word problem into component parts. Your child will soon find solving math problems a breeze. Here's an example of a real-world problem you can try with your child at home.
On Monday, Shop A sold 157 rolls of paper towel.
On the same day, Shop B sold 3 times as many rolls of paper towel as Shop A.
How many rolls of paper towel did they sell in all?

- Have your child read the text and pick out the important information: Shop A sold 157 rolls and Shop B sold 3 times as many rolls as Shop A. Then draw the models.

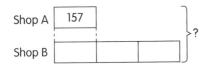

- Next have your child read the question and say what the question is asking.

- Finally, have your child perform the operation: 157 × 4 = 628.

# Math in Focus

# Conexiones entre
# ESCUELA Y CASA

## Capítulo ⑨ Usar modelos de barra: multiplicación y división

## Estimada familia:

En este capítulo, su hijo aprenderá a resolver problemas de la vida real que requieren multiplicar y dividir.
Algunas de las destrezas que practicará su hijo son:

- usar modelos de barras para resolver problemas de multiplicación de uno y dos pasos

- usar modelos de barras para resolver problemas de división de uno y dos pasos

### Vocabulario para practicar

**Doble** significa dos veces.

## Actividad

Su hijo está aprendiendo que usar modelos de barras es una manera efectiva de desglosar la información en partes de un problema expresado en palabras. Su hijo descubrirá que puede resolver problemas matemáticos rápidamente. Aquí hay un ejemplo de un problema real que puede analizar con su hijo en casa.

El lunes, el Negocio A vendió 157 rollos de toallas de papel.

Ese mismo día, el Negocio B vendió 3 veces la cantidad de rollos de toallas de papel que vendió el Negocio A. ¿Cuántos rollos de toallas de papel vendieron en total?

- Haga que su hijo lea el texto y obtenga la información más importante: el Negocio A vendió 157 rollos y el Negocio B vendió 3 veces la cantidad de rollos que vendió el Negocio A. Luego dibuje los modelos.

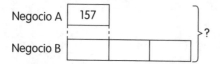

- Luego haga que su hijo lea la pregunta y diga que le pregunta.

- Finalmente, haga que su hijo realice la operación: $157 \times 4 = 628$.

# Math in Focus
# SCHOOL to HOME
## Connections

## Chapter 10 Money

# Dear Family,

In this chapter, your child will learn to add and subtract money. Some of the skills your child will practice are:

- adding dollars and cents, with and without regrouping
- subtracting dollars and cents in different ways, with and without regrouping
- solving up to two-step real-world problems involving addition and subtraction of money

# Activity

Learning about money allows your child to understand the practical applications of money. A simple yet practical activity to teach your child the value of money is to have him or her pay for purchases with real money on one of your shopping trips. Then have your child estimate how much change he or she should get. The next activity introduces your child to budgeting.

- Have your child imagine that he or she is given a budget of $50 to spend.
- Ask your child: `What would you spend it on?´
- Have your child make a list of items he or she would like to have and then find out how much they cost from advertisements in the newspapers or magazines.
- Then have your child add up the costs of the items to find out if the budget is met.
- Ask your child: `If your budget is now $30, what items would you remove from your list?´

## Vocabulary to Practice

The **difference** is the answer to a subtraction problem.

$1.40 – $0.20 = $1.20

An **estimate** is a number close to the exact number.

396 is 400 when rounded to the nearest hundred. 400 is an estimate.

To **regroup** is to change $1 to 100 cents or 100 cents to $1.

The **sum** is the answer to an addition problem.

$12 + $45 = $57

# Conexiones entre

# ESCUELA Y CASA

## Capítulo ⑩ Dinero

## Estimada familia:

En este capítulo, su hijo aprenderá a sumar y restar dinero. Algunas de las destrezas que practicará su hijo son:

- sumar y restar dólares y centavos con y sin reagrupación
- restar dólares y centavos de distintas maneras con y sin reagrupación
- resolver problemas reales de dos pasos que requieran sumar y restar dinero

## Actividad

Aprender sobre dinero permite a su hijo comprender las aplicaciones prácticas del dinero. Una actividad simple y práctica para enseñar a su hijo el valor del dinero es hacer que pague las compras con dinero real cuando realiza sus compras. Luego haga que su hijo estime la cantidad de cambio que debería recibir. La próxima actividad introduce a su hijo a presupuesto.

- Haga que su hijo imagine tener un presupuesto para gastos de $50.
- Pregunte a su hijo: `¿En qué lo gastarías?´
- Haga que su hijo prepare una lista de artículos que le gustaría tener y luego obtenga el precio de los mismos de avisos en periódicos y revistas.
- Luego haga que su hijo sume los costos de los artículos para descubrir si está dentro del presupuesto.
- Pregunte a su hijo: `Si el presupuesto ahora es de $30, ¿qué artículos eliminarías de la lista?´

### Vocabulario para practicar

La **diferencia** es la respuesta a un problema de resta.

$1.40 – $0.20 = $1.20

Una **estimación** es un número cercano al número exacto.

396 es 400 al redondearlo a la centena más cercana. 400 es una estimación.

**Reagrupar** es cambiar $1 por 100 centavos ó 100 centavos por $1.

La **suma** es la respuesta a un problema de suma.

$12 + $45 = $57

# Math in Focus
# SCHOOL to HOME
## Connections

## Chapter 11 Metric Length, Mass, and Volume

# Dear Family,

In this chapter, your child will learn to measure length, mass, and volume using metric units of measurement.
Some of the skills your child will practice are:

- using meters and centimeters as units of measurement of length
- reading scales in kilograms and grams
- finding the volume and capacity of a container in liters and milliliters
- converting units of measurement

# Activity

Measurement is not a new concept. Your child applies his or her knowledge of measurement when he or she measures out the ingredients for a recipe or when he or she says how much taller he or she has grown in a year.

- Have your child use a measuring tape to measure objects in the house. These objects should be longer than 1 meter. For example, height of doors, length of the bed and tables.
- Have your child record the lengths in centimeters. Then have him or her convert the lengths into compound units. For example, 135 cm = 1 m 35 cm.
- Finally have your child arrange the lengths from the longest to the shortest.

## Vocabulary to Practice

**Centimeter (cm)**, **meter (m)**, and **kilometer (km)** are metric units of length. 100 cm = 1 m, 1,000 m = 1 km

**Kilogram (kg)** and **gram (g)** are metric units of mass. 1 kg = 1,000 g

**Liter (L)** and **milliliter (mL)** are metric units of volume and capacity. 1 L = 1,000 mL

**Volume** is the amount of liquid in a container.

**Capacity** is the amount of liquid a container can hold.

# Conexiones entre
# ESCUELA Y CASA

## Capítulo ⑪ Longitud métrica, masa y volumen

## Estimada familia:

En este capítulo, su hijo aprenderá a medir longitud, masa y volumen usando unidades métricas de medición.
Algunas de las destrezas que practicará su hijo son:

- usar metros y centímetros como unidades para medir longitud
- leer balanzas en kilogramos y gramos
- obtener el volumen y la capacidad de un envase en litros y mililitros
- convertir unidades de medición

## Actividad

La medición no es un nuevo concepto. Su hijo aplica sus conocimientos en medición al medir los ingredientes en una receta o cuando dice que es más alto o ha crecido de un año a otro.

- Haga que su hijo use la cinta métrica para medir objetos en la casa. Estos objetos deben ser más largos que 1 metro. Por ejemplo, la altura de las puertas, el largo de las camas y las mesas.

- Haga que su hijo registre las medidas de longitud en centímetros. Luego haga que convierta las longitudes a unidades compuestas. Por ejemplo, 135 cm = 1 m 35 cm

- Finalmente, haga que su hijo ordene las medidas de la más larga hasta la más corta.

### Vocabulario para practicar

**Centímetro (cm)**, **metro (m)**, **kilómetro (km)** son unidades métricas para medir longitud.
100 cm = 1 m, 1,000 m = 1 km

**Kilogramo (kg)** y **gramo (g)** son unidades métricas de masa.
1 kg = 1,000 g

**Litro (L)** y **mililitro (mL)** son unidades métricas para medir volumen y capacidad.
1 L = 1,000 mL

**Volumen** es la cantidad de líquido en un envase.

**Capacidad** es la cantidad de líquido que un envase puede contener.

# Math in Focus
# SCHOOL to HOME
## Connections

## Chapter 12 Real-World Problems: Measurement

## Dear Family,

In this chapter, your child will learn to solve up to two-step problems on metric measurements of length, mass and volume. Some of the skills your child will practice are:

- drawing bar models to solve one-step and two-step measurement problems
- choosing the operation to solve one-step problems
- writing and solving two-step measurement problems

### Vocabulary to Practice

A **bar model** helps to solve word problems. Bars are drawn, divided according to the situation in the word problem, and labeled with all the relevant information.

| 20 | 15 |
|----|----|

35

## Activity

This chapter enables your child to develop his or her ability to solve mathematical problems involving measurement.

- Think of a place around the state that you would like to visit on a road trip. Identify one or two interesting stopovers along the way.

- With the use of a map, find out the distances, in kilometers, between your home, the intended stopovers, and the destination. Ask your child to find the total distance (in kilometers) from your home to the destination.

- Ask your child: `If you bought snacks and 500 mL of lemonade for each person in the family, how many liters of lemonade would you buy?´

# Math in Focus

# Conexiones entre
# ESCUELA Y CASA

## Capítulo ⑫ Problemas reales: medición

### Estimada familia:

En este capítulo, su hijo aprenderá a resolver problemas de hasta dos pasos sobre mediciones métricas de longitud, masa y volumen.

Algunas de las destrezas que practicará su hijo son:

- dibujar modelos de barras para resolver problemas de división de uno y dos pasos

- elegir la operación para resolver problemas de un solo paso

- redactar y resolver problemas de medición de dos pasos

### Vocabulario para practicar

Un **modelo de barra** ayuda a resolver problemas expresados en palabras. Se dibujan barras con la información relevante y se dividen según la situación expresada en el problema.

| 20 | 15 |
|----|----|

35

### Actividad

Este capítulo permite a su hijo desarrollar su habilidad para resolver problemas matemáticos que impliquen mediciones.

- Piense en un lugar en el estado que le gustaría visitar. Identifique una o dos paradas interesantes durante el viaje.

- Con un mapa, identifique las distancias, en kilómetros, entre su casa, las paradas que quiere realizar y el lugar de destino. Pida a su hijo que diga la distancia total (en kilómetros) desde su casa hasta el lugar de destino.

- Pregunte a su hijo: `Si compras bocadillos y 500 mL de limonada para cada uno de los integrantes de la familia, ¿cuántos litros de limonada comprarías?´

# Math in Focus
# SCHOOL to HOME
## Connections

## Chapter ⑬ Bar Graphs and Line Plots

# Dear Family,

In this chapter, your child will learn how to use bar graphs and line plots to organize data.

Some of the skills your child will practice are:

- making bar graphs with scales
- reading and interpreting data from bar graphs
- making a line plot to represent data

# Activity

Surveys are everywhere! You can find survey results when you turn on the television, or flip open a newspaper or magazine. Conduct a survey with your child and help him or her to present the results using a bar graph or a line plot.

- Have your child say what he or she would like to do a survey on. Possibilities include a survey on your child's friends' favorite ice-cream flavor or the number of states they have visited.

- Then have your child conduct the survey and tally all the responses.

- Finally, help your child present the results in a bar graph or line plot.

# Vocabulary to Practice

In drawings, a **vertical** line is one that goes in the top to bottom direction of the page.

In drawings, a **horizontal** line is one that goes across the page.

An **axis** is a grid line that can be either vertical or horizontal.

The **scale** is the numbers that run along the vertical or horizontal axis of a graph.

A **line plot** is a diagram that uses a number line to show how often an event happens.

**Number of Birthday Cards Received**

```
            X
    X       X           X
    X       X   X       X
    1       2   3       4
```

**Number of Birthday Cards**

A **survey** is a method of collecting information or data.

# Conexiones entre ESCUELA Y CASA

## Capítulo 13 Gráficas de barras y diagramas de puntos

## Estimada familia:

En este capítulo, su hijo aprenderá la forma de usar gráficas de barras y diagramas de puntos para organizar datos.
Algunas de las destrezas que practicará su hijo son:

- realizar gráficas de barras con escalas
- leer e interpretar datos de gráficas de barras
- realizar un diagrama de puntos para representar datos

## Actividad

¡En todos lados hay encuestas! Puede encontrar resultados de encuestas cuando prende la televisión o abre un periódico o una revista. Realice una encuesta con su hijo y ayúdelo a presentar los resultados con una gráfica de barras o un diagrama de puntos.

- Haga que su hijo elija el tema sobre el que le gustaría realizar la encuesta. Las posibilidades incluyen una encuesta sobre el sabor favorito de helado de los amigos de su hijo o el número de estados que han visitado.
- Luego haga que su hijo realice la encuesta y liste todas las respuestas.
- Finalmente, ayude a su hijo a representar los resultados en una gráfica de barras o un diagrama de puntos.

## Vocabulario para practicar

En los dibujos, una línea **vertical** es la que recorre desde el margen superior al inferior de la página.

En los dibujos, una línea **horizontal** cruza la página a lo ancho.

Un **eje** es una línea en una cuadrícula que puede ser tanto vertical u horizontal.

La **escala** son los números horizontales o verticales en los ejes de un gráfico.

Un **diagrama de puntos** es un diagrama que usa una línea de números para mostrar cuán seguido ocurre un evento.

**Número de tarjetas de cumpleaños recibidas**

**Número de tarjetas de cumpleaños**

Una **encuesta** es un método para recolectar información o datos.

# Math in Focus
# SCHOOL to HOME
## Connections

## Chapter (14) Fractions

# Dear Family,

In this chapter, your child will learn about fractions as parts of a region or parts of a set.
Some of the skills your child will practice are:

- reading, writing, and identifying fractions of wholes
- identifying equivalent fractions
- writing fractions in simplest form
- comparing and ordering fractions
- adding and subtracting like fractions

# Activity

An understanding of fractions is important for various real-life situations such as in cooking. Help your child connect fractions to division and build wholes from fractional parts.

- Have your child record what he or she does in a particular day. For example, the amount of time he or she spends in school, playing, watching television, reading, sleeping. Help your child to round the amount of time to the nearest hour.

- Then have him or her write the amount of time each activity takes as a fraction of the total number of hours in a day. For example, if he or she spent 2 hours playing basketball, the fraction is $\frac{2}{24}$.

- Finally, have your child add up all the fractions to make sure they equal one whole. You may want to work with smaller denominators first as a warm up to this activity. For example, $\frac{2}{24} + \frac{3}{24} + \frac{1}{24} + \frac{4}{24} + \frac{4}{24} + \frac{10}{24} = \frac{24}{24}$.

## Vocabulary to Practice

A fraction is a part of a **whole**.

A **numerator** is the number above the line in a fraction. It shows the number of required parts of a whole.

A **denominator** is the number below the line in a fraction. It shows the number of equal parts into which the whole is divided.

$\frac{1}{2}$ and $\frac{2}{4}$ name the same parts of a whole. They are **equivalent fractions**.

$\frac{1}{2}$ is a fraction in its **simplest form**.

Fractions with the same denominators are **like fractions**.

Fractions with different denominators are **unlike fractions**.

# Math in Focus

# Conexiones entre
# ESCUELA Y CASA

## Capítulo ⑭ Fracciones

## Estimada familia:

En este capítulo, su hijo aprenderá sobre fracciones como partes de una región o de un conjunto.

Algunas de las destrezas que practicará su hijo son:

- leer, escribir e identificar fracciones de enteros
- identificar fracciones equivalentes
- escribir fracciones en su mínima expresión
- comparar y ordenar fracciones
- sumar y restar fracciones semejantes

## Actividad

Comprender fracciones es importante para situaciones de la vida real, por ejemplo, para cocinar. Ayude a su hijo a conectar las fracciones con la división y a crear enteros a partir de partes fraccionarias.

- Haga que su hijo registre lo que hace en un día determinado. Por ejemplo, el tiempo que pasa en el colegio, jugando, mirando televisión, leyendo, durmiendo. Ayude a su hijo a redondear el tiempo a la hora más cercana.

- Luego haga que escriba la cantidad de tiempo que le toma cada actividad como una fracción del total de horas del día. Por ejemplo, si ha pasado 2 horas jugando baloncesto, la fracción es $\frac{2}{24}$.

- Finalmente, haga que su hijo sume todas las fracciones para asegurarse de que den un número entero. Es posible que desee trabajar con denominadores más pequeños al principio para practicar antes de realizar esta actividad.

Por ejemplo, $\frac{2}{24} + \frac{3}{24} + \frac{1}{24} + \frac{4}{24} + \frac{4}{24} + \frac{10}{24} = \frac{24}{24}$.

## Vocabulario para practicar

Una fracción es una parte de un **entero**.

El **numerador** es el número que está sobre la línea en una fracción. Muestra el número de partes requeridas de un entero.

El **denominador** es el número que está debajo de la línea en una fracción. Muestra la cantidad de partes iguales en las que un entero se divide.

$\frac{1}{2}$ y $\frac{2}{4}$ nombran las partes de un entero. Son **fracciones equivalentes**.

$\frac{1}{2}$ es una fracción **simplificada**.

Las fracciones con los mismos denominadores son **fracciones semejantes**.

Las fracciones con distintos denominadores son **fracciones no semejantes**.

# Math in Focus

# SCHOOL to HOME Connections

# Dear Family,

In this chapter, your child will learn to measure length, weight, and capacity in customary units.
Some of the skills your child will practice are:

- using inch, foot, and mile as units of length
- using ounce, pound, and ton as units of weight
- reading scales in ounces and pounds
- measuring capacity with cup, pint, quart, and gallon
- estimating lengths, weights, and capacity

## Vocabulary to Practice

**Inch (in.)**, **foot (ft)**, **yard (yd)**, and **mile (mi)** are customary units of length. 12 in. = 1 ft, 3 ft = 1 yd, 5,280 ft = 1 mi

**Ounce (oz)**, **pound (lb)**, and **ton (T)** are customary units of weight. 16 oz = 1 lb

**Cup (c)**, **pint (pt)**, **quart (qt)**, and **gallon (gal)** are customary units of capacity. 2 c = 1 pt, 2 pt = 1 qt, 4 qt = 1 gal

# Activity

Finding measures is a practical skill in our everyday lives.
For example, when we want to buy a new sofa set, we measure the length of the sofa to check if it fits into the living room.

- Have your child measure his height and weight and that of a sibling or cousin in customary units and record them in a notebook.

- At the end of the year, have your child repeat the measurement and compare the difference in their heights and weights.

- Ask your child:
  `Who is growing more quickly?´
  `What is the difference in your weights?´

# Math in Focus

# Conexiones entre

# ESCUELA Y CASA

## Capítulo 15 Longitud, peso y capacidad usuales

## Estimada familia:

En este capítulo, su hijo aprenderá a medir la longitud, el peso y la capacidad en medidas usuales.

Algunas de las destrezas que practicará su hijo son:

- usar pulgada, pie, y milla como unidades de longitud

- usar onza, libra y tonelada como unidades de peso

- leer balanzas en onzas y libras

- medir capacidad con tazas, pintas, cuartos, y galones

- estimar longitud, peso, y capacidad

### Vocabulario para practicar

**Pulgada (pulg.)**, **pie**, **yarda (yd)**, y **milla (mi)** son unidades usuales de longitud. 12 pulg. = 1 pie, 3 pie = 1 yd, 5,280 pie = 1 mi

**Onza (oz)**, **libra (lb)**, y **tonelada (T)** son unidades usuales de peso. 16 oz = 1 lb

**Taza (t)**, **pinta (pt)**, **cuarto (ct)**, y **galón (gal)** son unidades usuales de capacidad. 2 t = 1 pt, 2 pt = 1 ct, 4 ct = 1 gal

## Actividad

Descubrir medidas es una capacidad práctica de la vida cotidiana. Por ejemplo, cuando queremos comprar un nuevo juego de sillones medimos el largo del sillón para verificar si entra en la sala.

62 libras

- Haga que su hijo mida su altura y peso y la altura, y el peso de un amigo en medidas usuales y que las anote en un cuaderno.

- Al finalizar el año haga que su hijo repita las mediciones y compare la diferencia en altura y peso de ambos.

- Pregunte a su hijo:
  `¿Quién está creciendo más rápido?´
  `¿Cuál es la diferencia entre los pesos de ambos?´

# Math in Focus
# SCHOOL to HOME
## Connections

## Chapter 16 Time and Temperature

# Dear Family,

In this chapter, your child will study measurements of time and temperature.
Some of the skills your child will practice are:

- telling time to the minute
- changing minutes to hours or hours to minutes
- adding and subtracting time, with and without regrouping
- finding elapsed time
- reading a Fahrenheit thermometer

# Activity

Finding elapsed time is a great way to practice mental math skills. Try the following activity.

- Have your child write down the time his or her favorite television program starts.

- Then have your child calculate how many hours it is until the program begins. For example, if it is 9:15 A.M. now and his favorite program starts at 4:30 P.M., it is 7 h 15 min until the program begins.

- Have your child find out the actual duration of the show by writing down the start and end times of each commercial break. Then subtract the total time for commercials from the show's overall length.

# Vocabulary to Practice

**Hour (h)** and **minute (min)** are unit measurements of time.
1 h = 60 min

9:20 A.M. is 20 minutes **past** 9.
9:45 A.M. is 15 minutes **to** 10 or 15 minutes **before** 10.

**Elapsed time** is the amount of time that has passed between the start and the end of an activity.

A **time line** is used to find elapsed time.

6:45 P.M.    7:00 P.M.    7:20 P.M.

**Degrees Fahrenheit** is the customary unit of measurement for temperature.

# Conexiones entre
# ESCUELA Y CASA

## Capítulo 16 Hora y temperatura

## Estimada familia:

En este capítulo, su hijo estudiará las mediciones de hora y temperatura.

Algunas de las destrezas que practicará su hijo son:

- decir la hora en minutos
- cambiar minutos a horas u horas a minutos
- sumar y restar la hora con y sin reagrupación
- descubrir el tiempo transcurrido
- leer un termómetro en grados Fahrenheit

## Actividad

Descubrir el tiempo transcurrido es una gran forma de practicar las destrezas de cálculo mental. Intente realizar la siguiente actividad.

- Pida a su hijo que anote la hora de inicio de su programa de televisión favorito.

- Luego, pídale que calcule cuántas horas faltan para que comience el programa. Por ejemplo, si ahora son las 9:15 de la mañana y su programa favorito comienza a las 4:30 de la tarde, faltan 7 h 15 min para que comience el programa.

- Haga que su hijo averigüe la duración exacta del programa anotando la hora de inicio y final del mismo luego de cada pausa publicitaria. Luego reste el tiempo total de las pausas publicitarias al tiempo total del programa.

### Vocabulario para practicar

**Hora (h)** y **minuto (min)** son unidades para medir el tiempo. 1 h = 60 min

9:20, 20 minutos **pasadas** las 9. 9:45, 15 minutos **para** las 10 o 15 minutos **antes** de las 10.

**Tiempo transcurrido** es la cantidad de tiempo que ha pasado desde el inicio hasta el final de una actividad.

Una **línea cronológica** se usa para descubrir el tiempo transcurrido.

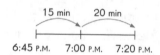

**Grados Fahrenheit** es la unidad usual para medir la temperatura.

# Math in Focus

# SCHOOL to HOME Connections

## Chapter 17 Angles and Lines

## Dear Family,

In this chapter, your child will learn to identify angles and lines. Some of the skills your child will practice are:

- finding angles in plane shapes and real-world objects
- comparing the number of sides and angles of plane shapes
- making a right angle
- comparing angles to a right angle
- identifying perpendicular and parallel lines

## Activity

We are surrounded by angles and lines. Take time to show your child the parallel or perpendicular lines around the house. For example, in window frames, or silverware as it lies on the table. Then try this activity. Using a rectangular piece of paper, fold a simple paper airplane.

- Have your child find the number of each type of angle (right angle, less than a right angle, or more than a right angle) that can be found on the plane.
- Explain that a plane has many angles. Have your child experiment with folding different planes and flying them. Encourage your child to use descriptions of angles to discuss which ones fly better.

## Vocabulary to Practice

When two line segments share the same endpoint, they form an **angle**.

Angle $P$ is a **right angle**.

45° is **greater than** 20°.
20° is **less than** 45°.

**Perpendicular lines** are two lines that meet at right angles.

Line $AB$ is perpendicular to line $CD$.

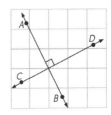

**Parallel lines** are lines that will not meet no matter how long they are drawn.

Line $KL$ is parallel to line $MN$.

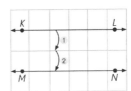

# Conexiones entre
# ESCUELA Y CASA

## Capítulo ⑰ Ángulos y líneas

## Estimada familia:

En este capítulo, su hijo aprenderá a identificar ángulos y líneas. Algunas de las destrezas que practicará su hijo son:

- encontrar ángulos en figuras planas y objetos reales
- comparar la cantidad de lados y de ángulos de figuras planas
- hacer un ángulo recto
- comparar ángulos con un ángulo recto
- identificar líneas perpendiculares y paralelas

## Actividad

Estamos rodeados de ángulos y líneas. Tómese tiempo para mostrar a su hijo las líneas paralelas y perpendiculares de su casa. Por ejemplo, en marcos de ventanas o en la vajilla colocada en la mesa. Luego intente realizar la siguiente actividad. Con un papel rectangular, haga un avión de papel simple.

- Haga que su hijo descubra el número de cada tipo de ángulo (ángulo recto, más de un ángulo recto o menos de un ángulo recto) que hay en el avión.

- Explique que el avión tiene varios ángulos. Haga que su hijo experimente armando distintos aviones y que los haga volar. Fomente que su hijo use descripciones de ángulos para debatir cuál de los aviones vuela mejor.

### Vocabulario para practicar

Cuando dos segmentos comparten el mismo extremo forman un **ángulo**.

El ángulo P es un **ángulo recto**.

45° es **mayor que** 20°.
20° es **menor que** 45°.

Las **líneas perpendiculares** son dos líneas que se unen en los ángulos rectos.

La línea AB es perpendicular a la línea CD.

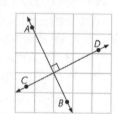

Las **líneas paralelas** son líneas que no se unirán sin perjuicio del largo de éstas.

La línea KL es paralela a la línea MN.

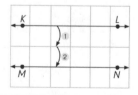

# Math in Focus

# SCHOOL to HOME
## Connections

## Chapter ⑱ Two-Dimensional Shapes

# Dear Family,

In this chapter, your child will study polygons. Some of the skills your child will practice are:

- classifying polygons and quadrilaterals
- combining and separating polygons to make other polygons
- sliding, flipping, and turning shapes
- identifying congruent and symmetric figures
- using folding to find a line of symmetry

# Activity

If we take a closer look at the things around us, we will see that symmetry exists in nature as well as in man-made objects. Have your child look for symmetry in the home or outside to gain a further appreciation of the beauty of geometric shapes.

- Together with your child, look for and make a list of symmetrical shapes around the house. For example, the pattern on the tablecloth.

- Help your child do a search on the Internet for symmetry in architecture, such as the Taj Mahal of India and the Eiffel Tower in Paris, France.

- Ask your child: `What buildings can you think of in our town that employ the use of symmetry in their architecture?´

## Vocabulary to Practice

A **polygon** is a closed plane figure formed by three or more line segments.

A **vertex** is a point where two sides of a polygon meet.

Identical figures are **congruent**. They have the same shape and size.

**Symmetry** occurs when two halves of a figure fit each other exactly when folded along a line.

A **line of symmetry** divides a figure into two congruent halves. The congruent halves fit each other exactly when folded along this line.

# Math in Focus

# Conexiones entre

# ESCUELA Y CASA

## Capítulo ⑱ Formas bidimensionales

## Estimada familia:

En este capítulo, su hijo aprenderá a estudiar polígonos
Algunas de las destrezas que practicará su hijo son:

- clasificar polígonos y cuadriláteros
- combinar y separar polígonos para hacer otros polígonos
- deslizar, mover y girar formas
- identificar figuras congruentes y simétricas
- usar dobleces para encontrar una línea de simetría

## Actividad

Si prestamos atención a las cosas que nos rodean veremos
que la simetría existe tanto en la naturaleza como en las cosas
hechas por el hombre. Haga que su hijo busque simetrías dentro
o fuera de la casa para apreciar mejor la belleza de las formas
geométricas.

- Junto con su hijo busque y haga una lista de formas
  simétricas en la casa. Por ejemplo, el patrón en un
  mantel.
- Ayude a su hijo a realizar una búsqueda en Internet de
  simetría en la arquitectura, por ejemplo, el Taj Mahal en
  India y la torre Eiffel en París, Francia.
- Pregunte a su hijo: `¿Qué edificios en nuestra ciudad piensas que
  aplican el uso de simetría en su arquitectura?´

## Vocabulario para practicar

Un **polígono** es una figura
plana cerrada formada por tres
o más segmentos.

Un **vértice** es un punto donde
se juntan dos lados de un
polígono.

Las figuras idénticas son
**congruentes**. Tienen la misma
forma y tamaño.

La **simetría** tiene lugar cuando
dos mitades de una figura se
ajustan perfectamente entre
ellas al doblarlas sobre una
línea.

La **simetría axial** divide una
figura a la mitad en dos partes
congruentes. Las mitades
congruentes encajan una a la
otra exactamente al doblarlas
sobre esta línea.

# Math in Focus

# SCHOOL to HOME
## Connections

## Chapter 19 Area and Perimeter

# Dear Family,

In this chapter, your child will learn to find the area and perimeter of rectangular figures.

Some of the skills your child will practice are:

- understanding the meaning of area and perimeter
- using square units to find and compare the areas of plane figures
- estimating the area of small and large surfaces
- measuring or finding perimeter

# Activity

Children sometimes confuse area with perimeter. Carry out this simple yet fun activity at home to help reinforce the concepts of area and perimeter.

- Have your child imagine that both of you are about to do a complete makeover of a bedroom.
- Ask your child what you must know before starting. Lead your child to see that you first find the measurements of the room.
- Using a measuring tape, help your child find the length, width, and height of the room. Then with the information, discuss how to find the floor area, for example, to decide on the amount of flooring or the perimeter of the room in order to decide what length of wallpaper border to purchase.

## Vocabulary to Practice

**Area** is the number of square units needed to cover the surface of each figure.

**Square units** are units such as square centimeter, square inch, square foot, or square meter that are used to measure area.

**Square centimeter (cm²)** and **square meter (m²)** are metric units of measure for area.

**Square inch (in.²)** and **square foot (ft²)** are customary units of measure for area.

**Perimeter** is the distance around a figure. Perimeter is measured in linear units such as centimeters, inches, meters, and feet.

# Math in Focus

## Conexiones entre
# ESCUELA Y CASA

## Capítulo (19) Área y perímetro

# Estimada familia:

En este capítulo, su hijo aprenderá a hallar el área y el perímetro de figuras rectangulares.

Algunas de las destrezas que practicará su hijo son:

- comprender el significado de área y perímetro
- usar unidades cuadradas para encontrar y comparar las áreas de las figuras planas
- estimar el área de superficies pequeñas y grandes
- medir o encontrar el perímetro

# Actividad

Los niños algunas veces confunden el área con el perímetro. Realice esta actividad simple aunque divertida en casa para reforzar los conceptos de área y perímetro.

- Haga que su hijo imagine que ambos están a punto de redecorar completamente un dormitorio.
- Pregunte a su hijo qué debe saber antes de comenzar. Guíe a su hijo para que vea que primero usted obtiene las medidas de la habitación.
- Use una cinta métrica, ayude a su hijo a obtener el largo, el ancho y el alto de la habitación. Luego con la información, por ejemplo, analice hasta encontrar el área del piso para decidir la cantidad de piso o el perímetro para decidir el largo del papel para tapizar que debe comprar.

## Vocabulario para practicar

**Área** es el número de unidades cuadradas necesarias para cubrir la superficie de cada figura.

**Unidades cuadradas** son unidades tales como centímetro cuadrado, pulgada cuadrada, pie cuadrado, o metro cuadrado, que se usan para medir área.

**Centímetro cuadrado** ($cm^2$) y **metro cuadrado** ($m^2$) son unidades métricas para medir área.

**Pulgada cuadrada** (pulg.$^2$) y **pie cuadrado** (pie$^2$) son unidades métricas para medir área.

**Perímetro** es la distancia alrededor de una figura. El perímetro se mide en unidades lineales tales como centímetros, pulgadas, metros, y pies.

# Math in Focus
# SCHOOL to HOME
## Connections

## Dear Family,

This has been a full year for your child in math. One aspect of learning math is that concepts and skills become solidified over time. Concepts or skills that were new earlier in the year will now seem `easy´. A great way to reinforce your child's appreciation for math is to review the year and his or her growth.

For example, ask your third grader to recall and explain:

- *How can you decide which set of fractions are equivalent?*

  $\frac{1}{2}$ and $\frac{1}{6}$?      $\frac{3}{4}$ and $\frac{9}{12}$?      $\frac{5}{5}$ and $\frac{5}{10}$?

- *How can you tell which angle is greater than a right angle?*

I'm glad I learned so much math this year!

Ask your child, *Was this always easy for you? What do you know now that makes it easier than before?* Allow your child to be pleased with how much math he or she learned this year!

Finally, take a few minutes now and then over the summer to keep math skills sharp with family math activities. Many ideas have been suggested in these chapter newsletters. Another good source of activities is the U.S. Department of Education publication, *Helping Your Child Learn Math*, available in print or online at www.ed.gov/pubs/parents/Math/

Thank you for supporting your child's efforts in math this year!

# Math in Focus
# Conexiones entre
# ESCUELA Y CASA

## Estimada familia:

Este ha sido un año completo para su hijo en matemáticas. Un aspecto del aprendizaje de matemáticas es que los conceptos y las habilidades se consolidan con el tiempo. Los conceptos o las destrezas que a principio de año eran nuevas ahora parecerán `fáciles´. Una excelente forma de reforzar el aprecio de su hijo por las matemáticas es revisar el año y su crecimiento.

Por ejemplo, pregunte a su hijo de tercer grado que recuerde y explique:

- *¿Cómo puedes decidir qué conjunto de fracciones son equivalentes?*

¿$\frac{1}{2}$ y $\frac{1}{6}$?        ¿$\frac{3}{4}$ y $\frac{9}{12}$?        ¿$\frac{5}{5}$ y $\frac{5}{10}$?

- *¿Cómo puedes saber qué ángulo es mayor que un ángulo recto?*

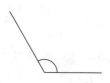

¡Me alegra haber aprendido mucho de matemáticas este año!

Pregunte a su hijo, *¿Fue esto siempre fácil para ti? ¿Qué sabes ahora que lo hace más fácil que antes?* ¡Deje que su hijo se alegre de cuántas matemáticas ha aprendido este año!

Por último, dedique algunos minutos ahora y luego en el verano para mantener las habilidades matemáticas activas con actividades matemáticas familiares. Se han sugerido muchas ideas en estos boletines informativos sobre los capítulos. Otra buena fuente de actividades es la publicación del Departamento de Educación de EE.UU., Helping Your Child Learn Math *(Cómo ayudar a su hijo con las matemáticas)*, disponible en formato impreso o en línea en www.ed.gov/espanol/parents/academic/matematicas/part.html

¡Muchas gracias por apoyar los esfuerzos de su hijo en matemáticas este año!